Magicalibri, magicalibra, à nous...

La barbe de Charlemagne

hachette
JEUNESSE

Où sommes-nous ? demande Yoko.
– Devant le palais de Charlemagne, à Aix-la-Chapelle, en l’an 802.
– On dirait qu’une fête se prépare, remarque Georges.
– Quelle fête ? » demande Cléa.

Paulin, un enfant du village, s'approche d'eux.
« Charlemagne reçoit le grand vizir du calife Harun al-Rachid.
Il est venu de très loin pour lui rendre visite,
c'est un événement ! »

Soudain, des lamentations s'élèvent d'une tente :
« C'est une catastrophe, une véritable catastrophe !
– Bonjour monsieur, que vous arrive-t-il ? demande Medhi.
– On dit "Votre Grandeur" ! Je suis le grand vizir du calife Harun al-Rachid ! J'avais apporté un cadeau à l'empereur Charlemagne… mais il s'est échappé !
– Un cadeau qui s'est échappé ? C'est étrange… Quel genre de cadeau ? »
demande Cléa au bord du fou rire.

« Je ne vois pas ce qu'il y a de drôle, proteste le grand vizir.
C'était un magnifique éléphant blanc !
Maintenant qu'il a disparu, la fête sera gâchée.
– Comment peut-on perdre un éléphant ? s'étonne Yoko.
– Il a filé cette nuit pendant que nous dormions !

– S'il s'est enfui, c'est qu'il a peut-être eu peur ?
– Peur ? Je n'y avais pas pensé !
– Ne soyez pas inquiet, monsieur le vizir… heu, Votre Grandeur, nous allons le retrouver, votre éléphant », s'écrie Georges.

Accompagnés de leur nouvel ami Paulin,
les enfants partent à la recherche de l'éléphant.
Medhi imite même un barrissement, mais il n'obtient aucune réponse.
« Il n'est pas là, dit Yoko.
– Tu as raison, nous le verrions. Un éléphant, ça ne se cache pas
si facilement. Il a dû s'enfuir dans la forêt. »

« Cette forêt est immense, nous ne le retrouverons jamais. Que va dire le grand vizir ? s'inquiète Cléa.

– Je sais comment l'attirer, s'écrie Georges. Avec des cacahouètes ! Les éléphants en raffolent.

– Tu crois vraiment que nous avons des cacahouètes dans nos poches ? soupire Yoko.

– Je ne sais pas ce que sont des cacahouètes, dit Paulin.
Mais sous ces chênes, il y a plein de glands.
Quand l'éléphant aura faim, je suis sûr qu'il s'en contentera. »

Nos amis ont disposé des glands en tas
au milieu d'une clairière.
« Regardez, ça marche ! Voilà notre éléphant,
chuchote Yoko.

– Qu’est-ce qu’il est beau ! s’écrient les enfants en chœur.
Et il a l’air de se régaler. »

L'éléphant a si bien mangé, qu'il décide de faire la sieste. Medhi et Georges lui tapotent doucement la patte pour le réveiller, mais l'animal ronfle plus que jamais.
« Il faut qu'il se lève, sinon Charlemagne n'aura pas son cadeau

– J'ai une idée ! » s'exclame soudain Yoko en grimpant jusqu'à l'oreille de l'éléphant.

« Debout ! » chuchote-t-elle.
Georges s’offre un petit tour de toboggan.
« Mais qu’est-ce que tu fais ? rouspète Medhi.
– J’en profite pendant qu’il dort ! »
Soudain, l’éléphant ouvre un œil.
« Il est réveillé ! » s’écrie Cléa.

« Il faut que tu reviennes au campement. Sans toi la fête sera gâchée, explique Yoko. Ne fais pas le timide.

– Avec nous, il n'a pas l'air timide. Il a peut-être peur des grandes personnes ? » suggère Medhi.

L'éléphant barrit comme pour dire oui.

« D'accord, nous resterons avec toi », promet Georges.

Nos amis arrivent juste à temps ! L'empereur est entouré de ses chevaliers en armures.

« Regardez, il n'y a pas de fleurs dans sa barbe ! s'exclame Medhi.

– Mais elle est quand même un peu fleurie avec ses petites touches de blanc, répond Georges. Voilà ce que racontait le poème ! »

« Je vous présente le Grand Éléphant Blanc, Majesté »,
dit le vizir au comble du bonheur.
Charlemagne est fasciné par ce présent peu ordinaire.
« Nous allons devenir de grands amis, toi et moi.

– Si vous voulez qu'il soit heureux, indique Cléa, c'est simple.
Il aime être entouré d'enfants.
– Rien de plus facile, nous lui construirons un enclos à côté de l'école que j'ai créée au palais, ainsi il sera toujours en joyeuse compagnie ! »

« Comment vous remercier de ce précieux conseil ? demande l’empereur.
– Comme ça ! s’amuse Yoko en piquant des fleurs dans la barbe de Charlemagne.
– Elle est bien plus belle ainsi ! » s’écrient ses amis.

Yoko leur fait un clin d'œil :
« Vous voyez qu'il a la barbe fleurie ! »
dit-elle radieuse.

« Il est temps de rentrer chez nous, annonce Georges.
– Attendez, moi aussi j'ai un cadeau, intervient le vizir.
Voilà une petite statuette en bois, que vous garderez en souvenir de votre ami.
– Merci… Votre Grandeur ! s'écrient les enfants. Il est superbe, nous n'oublierons jamais votre bel éléphant blanc ! »
Puis ils joignent leurs mains et entrent dans le tourbillon magique :
« Magicalibri, magicalibra, à nous le présent ! »

Pour en savoir plus

Quand se situe l'époque de Charlemagne ?

3 infos à retenir

Berthe au grand pied et Pépin le Bref étaient les parents de Charlemagne.

Charlemagne fut sacré empereur le 25 décembre de l'an 800, dans la basilique Saint-Pierre à Rome.

Charlemagne a ouvert des écoles partout dans le royaume.